Página de Créditos:

Título del Libro: "El Cerebro Digital: Explo. Fundamentos hasta las Aplicaciones Avanzadas"

Autor: Álvaro López

Índice

4. Visión por Computadora y Reconocimiento de Patrones

    a. Conceptos básicos de visión por computadora.

    b. Aplicaciones en la vida cotidiana y en la industria.

    c. Técnicas de reconocimiento de patrones.

    d. Desarrollo de sistemas de reconocimiento de objetos y personas.

5. Aplicaciones Prácticas de la Inteligencia Artificial

    a. IA en la medicina: diagnóstico asistido por ordenador, análisis de imágenes médicas, etc.

    b. IA en la industria: automatización de procesos, control de calidad, mantenimiento predictivo, etc.

    c. IA en el comercio electrónico: recomendaciones de productos, personalización de la experiencia del usuario, etc.

    d. IA en la educación: sistemas de tutoría personalizada, análisis de datos educativos, etc.

6. Ética y Desafíos de la Inteligencia Artificial

    a. Consideraciones éticas en el desarrollo y uso de la IA.

    b. Sesgo algorítmico y equidad.

    c. Privacidad y seguridad de los datos.

    d. El futuro de la IA: posibles impactos en la sociedad y el trabajo.

Introducción

En el corazón de la revolución tecnológica contemporánea yace un campo que no solo despierta la imaginación, sino que también desafía los límites de lo que es posible: la inteligencia artificial (IA). Desde las primeras formulaciones de teorías sobre máquinas que pueden pensar hasta los avances más recientes en aprendizaje profundo y redes neuronales, la IA ha pasado de ser un concepto de ciencia ficción a una fuerza impulsora detrás de muchas de las innovaciones más destacadas de nuestra era digital.

La fascinación por replicar la inteligencia humana en máquinas ha existido durante siglos, pero fue en el siglo XX cuando comenzaron a surgir los primeros intentos serios de desarrollar sistemas que pudieran imitar el pensamiento humano. Desde entonces, la IA ha experimentado avances espectaculares, impulsados por el rápido progreso en campos como la informática, las matemáticas y la neurociencia.

En los últimos años, el aprendizaje automático ha surgido como uno de los enfoques más prometedores dentro del campo de la IA. Este enfoque se basa en la idea de que las máquinas pueden aprender a partir de datos, identificar patrones y tomar decisiones sin ser programadas explícitamente para hacerlo. A través de algoritmos sofisticados y redes neuronales artificiales, los sistemas de aprendizaje automático pueden realizar una amplia gama de tareas, desde reconocimiento de voz y visión por computadora hasta traducción de idiomas y generación de texto.

Uno de los hitos más significativos en el desarrollo de la IA ha sido el surgimiento de modelos de lenguaje de gran escala, como el Transformador Generativo Preentrenado (GPT), desarrollado por OpenAI. Estos modelos, entrenados en vastas cantidades de datos textuales, han demostrado una sorprendente capacidad para comprender y generar lenguaje humano de manera coherente y contextuales.

En este libro, nos sumergiremos en el vasto universo de la inteligencia artificial, explorando sus fundamentos teóricos, sus aplicaciones prácticas y sus implicaciones éticas y sociales. Desde los conceptos básicos de la IA hasta las aplicaciones más avanzadas en campos como la medicina, la industria y la educación, nos embarcaremos en un viaje para comprender cómo la IA está transformando nuestras vidas y redefiniendo la forma en que interactuamos con el mundo que nos rodea.

Capítulo 1: Fundamentos de la Inteligencia Artificial

La inteligencia artificial (IA) es un campo interdisciplinario que abarca diversas áreas como la informática, la psicología cognitiva, la lingüística, la filosofía y las matemáticas. Su objetivo es crear sistemas capaces de realizar tareas que, cuando se realizan por seres humanos, requieren inteligencia. Estas tareas incluyen el reconocimiento de patrones, la toma de decisiones, la comprensión del lenguaje natural, entre otras.

Desde la antigüedad, los seres humanos han soñado con la idea de crear máquinas inteligentes que puedan emular el pensamiento humano. Sin embargo, fue solo en el siglo XX cuando la IA comenzó a tomar forma como un campo de estudio formal. Uno de los primeros hitos importantes en este campo fue el desarrollo de la computadora digital en la década de 1940, que proporcionó la capacidad de procesamiento necesaria para realizar cálculos complejos y ejecutar algoritmos.

A medida que la tecnología avanzaba, los investigadores comenzaron a experimentar con diferentes enfoques para la creación de sistemas de IA. Uno de los primeros enfoques fue el razonamiento simbólico, que se basa en reglas lógicas y algoritmos para resolver problemas. Este enfoque dio lugar a la creación de programas de IA capaces de jugar juegos de estrategia como el ajedrez y las damas.

Sin embargo, el razonamiento simbólico tenía limitaciones en su capacidad para manejar la complejidad y la incertidumbre del mundo real. Fue en la década de 1950 cuando el término "inteligencia artificial" fue acuñado por el científico John McCarthy, quien propuso un enfoque diferente conocido como "aprendizaje automático".

El aprendizaje automático se basa en la idea de que las máquinas pueden aprender de los datos y mejorar su rendimiento con el tiempo sin ser programadas explícitamente para hacerlo. Esto se logra a través del uso de algoritmos que identifican patrones en los datos y ajustan sus parámetros en función de la retroalimentación recibida. El aprendizaje automático ha demostrado ser especialmente efectivo en áreas como el reconocimiento de voz, la visión por computadora y la traducción automática.

En las últimas décadas, ha surgido un enfoque aún más poderoso dentro del campo de la IA: el aprendizaje profundo. El aprendizaje profundo utiliza redes neuronales artificiales con múltiples capas de procesamiento para modelar datos complejos y extraer características significativas de ellos. Inspiradas en la estructura del cerebro humano, estas redes neuronales profundas han demostrado un rendimiento excepcional en una variedad de tareas, desde el reconocimiento de imágenes hasta la generación de texto.

A medida que la IA continúa avanzando, se espera que tenga un impacto significativo en una amplia gama de industrias y sectores. Desde la medicina y la educación hasta el comercio y la industria manufacturera, la IA está transformando la forma en que trabajamos, vivimos e interactuamos con el mundo que nos rodea. En las próximas secciones de este capítulo, exploraremos más a fondo los fundamentos teóricos de la inteligencia artificial y cómo se están aplicando en la práctica para resolver problemas del mundo real.

Capítulo 2: Aprendizaje Automático y Redes Neuronales

Introducción al Aprendizaje Automático

El aprendizaje automático (ML) es una disciplina de la inteligencia artificial que se centra en el desarrollo de algoritmos y modelos que permiten a las máquinas aprender de los datos y mejorar su rendimiento con el tiempo sin intervención humana explícita. Este enfoque ha revolucionado una amplia gama de campos, desde la tecnología de búsqueda en internet hasta la medicina y la detección de fraudes financieros.

El aprendizaje automático se basa en la idea fundamental de que las máquinas pueden aprender de los datos y mejorar su rendimiento sin necesidad de ser programadas explícitamente para cada tarea. En lugar de seguir instrucciones específicas, los modelos de aprendizaje automático utilizan algoritmos para aprender patrones en los datos y hacer predicciones o tomar decisiones basadas en esos patrones.

Tipos de Aprendizaje

El aprendizaje automático se clasifica en varios tipos principales, cada uno con sus propias características y aplicaciones:

1. Aprendizaje Supervisado: En el aprendizaje supervisado, los modelos se entrenan utilizando un conjunto de datos etiquetados, es decir, datos para los cuales se conoce la respuesta correcta. El objetivo es aprender una función que pueda predecir la salida correcta para nuevas entradas. Por ejemplo, en un modelo de clasificación de correos electrónicos, el conjunto de datos podría consistir en correos electrónicos etiquetados como "spam" o "no spam", y el modelo aprendería a predecir si un correo electrónico entrante es spam o no.

2. Aprendizaje No Supervisado: En el aprendizaje no supervisado, los modelos se entrenan en conjuntos de datos no etiquetados, lo que significa que el modelo debe encontrar patrones o estructuras en los datos por sí mismo. Un ejemplo común de esto es el clustering, donde el objetivo es agrupar los datos en grupos que compartan características similares. Este tipo de aprendizaje es útil para descubrir estructuras ocultas en datos no etiquetados y para comprender mejor la naturaleza de los datos.

3. Aprendizaje por Refuerzo: En el aprendizaje por refuerzo, los modelos aprenden a través de la interacción con un entorno. El modelo toma decisiones secuenciales y recibe retroalimentación en forma de recompensas o castigos según las acciones que toma. El objetivo es aprender una política óptima que maximice las recompensas a largo plazo. Este tipo de aprendizaje es comúnmente utilizado en aplicaciones como juegos y robótica.

Redes Neuronales Artificiales

Las redes neuronales artificiales son modelos computacionales inspirados en la estructura y el funcionamiento del cerebro humano. Consisten en capas de neuronas interconectadas, donde cada conexión tiene un peso que determina la importancia de la entrada para la salida de la neurona. Las redes neuronales son capaces de aprender y generalizar a partir de datos mediante el ajuste de estos pesos durante el proceso de entrenamiento.

Existen varias arquitecturas de redes neuronales, cada una diseñada para resolver diferentes tipos de problemas:

1. Perceptrón: El perceptrón es la forma más básica de red neuronal, compuesta por una sola capa de neuronas. Aunque simple, el perceptrón puede utilizarse para resolver problemas de clasificación lineal.

2. Redes Neuronales Feedforward: Las redes neuronales feedforward consisten en múltiples capas de neuronas dispuestas en una secuencia lineal, donde la información fluye desde la capa de entrada a través de una o más capas ocultas hasta la capa de salida. Estas redes son capaces de aprender representaciones jerárquicas de los datos y se utilizan en una amplia variedad de aplicaciones de aprendizaje automático.

3. Redes Neuronales Convolucionales (CNN): Las CNN son especialmente efectivas en el procesamiento de datos de tipo grid, como imágenes. Utilizan filtros convolucionales para extraer características locales de las imágenes, lo que las hace ideales para tareas como la clasificación de imágenes, la detección de objetos y el reconocimiento facial.

4. Redes Neuronales Recurrentes (RNN): Las RNN están diseñadas para trabajar con datos de secuencia, como texto o series temporales. Tienen conexiones retroalimentadas que les permiten recordar información anterior y procesar secuencias de longitud variable. Esto las hace útiles para aplicaciones como el procesamiento del lenguaje natural, la generación de texto y la traducción automática.

Aplicaciones Prácticas del Aprendizaje Automático y las Redes Neuronales

El aprendizaje automático y las redes neuronales tienen una amplia gama de aplicaciones en diversos campos, incluyendo:

- Medicina: El aprendizaje automático se utiliza en el diagnóstico asistido por ordenador, el análisis de imágenes médicas y la predicción de enfermedades. Las redes neuronales son capaces de detectar patrones sutiles en los datos que pueden ayudar a los médicos a tomar decisiones más informadas.

- Industria: En la industria, el aprendizaje automático se utiliza para la automatización de procesos, el control de calidad y el mantenimiento predictivo. Las redes neuronales pueden identificar anomalías en los datos de producción y predecir fallos en los equipos antes de que ocurran.

- Comercio Electrónico: En el comercio electrónico, el aprendizaje automático se utiliza para personalizar la experiencia del usuario y hacer recomendaciones de productos. Las redes neuronales pueden analizar el comportamiento de compra de los usuarios y predecir qué productos son más propensos a ser comprados por un usuario en particular.

- Educación: En la educación, el aprendizaje automático se utiliza para desarrollar sistemas de tutoría personalizada y analizar datos educativos para mejorar la enseñanza y el aprendizaje. Las redes neuronales pueden adaptar el contenido del curso a las necesidades individuales de cada estudiante y proporcionar retroalimentación instantánea sobre su progreso.

En las siguientes secciones, profundizaremos en estas aplicaciones y exploraremos cómo el aprendizaje automático y las redes neuronales están transformando numerosos aspectos de nuestra vida cotidiana y nuestra sociedad en general. Además, discutiremos los desafíos y las oportunidades asociadas con el uso de estas tecnologías y examinaremos cómo se pueden aplicar de manera efectiva en una variedad de contextos.

Capítulo 3: Procesamiento del Lenguaje Natural y Chatbots

Introducción al Procesamiento del Lenguaje Natural (PLN)

El procesamiento del lenguaje natural (PLN) es una disciplina de la inteligencia artificial que se centra en la interacción entre las computadoras y el lenguaje humano. Su objetivo es permitir que las máquinas comprendan, interpreten y generen el lenguaje humano de manera inteligente. El PLN abarca una amplia gama de tareas, desde la traducción automática y el análisis de sentimientos hasta la generación de texto y la extracción de información. En este capítulo, exploraremos los fundamentos del PLN y su aplicación en el desarrollo de chatbots inteligentes.

Fundamentos del Procesamiento del Lenguaje Natural
El procesamiento del lenguaje natural implica una serie de tareas complejas que buscan entender la estructura y el significado del lenguaje humano. Estas tareas incluyen:

1. Tokenización: Consiste en dividir el texto en unidades más pequeñas, como palabras o caracteres. Esto permite a las computadoras analizar y procesar el texto de manera más eficiente.

2. Análisis Morfológico: Se centra en el estudio de la estructura de las palabras y sus formas gramaticales. Esto incluye la identificación de prefijos, sufijos, raíces y otras características morfológicas.

3. Análisis Sintáctico: Implica comprender la estructura gramatical de las oraciones y cómo se relacionan las palabras entre sí. Esto incluye el análisis de la sintaxis, la gramática y la estructura de las frases.

4. Análisis Semántico: Busca comprender el significado de las palabras y las frases en un contexto dado. Esto incluye la identificación de sinónimos, antónimos, homónimos y otras relaciones semánticas.

5. Generación de Lenguaje: Implica la creación de texto coherente y comprensible a partir de datos de entrada. Esto puede incluir la redacción de respuestas a preguntas, la redacción de informes y la creación de contenido generado automáticamente.

Aplicaciones del Procesamiento del Lenguaje Natural
El PLN tiene una amplia gama de aplicaciones en la vida cotidiana y en el mundo empresarial. Algunas de las aplicaciones más comunes incluyen:

1. Traducción Automática: Permite traducir texto de un idioma a otro de manera automática y precisa. Esto facilita la comunicación entre personas que hablan diferentes idiomas y promueve la globalización.

2. Análisis de Sentimientos: Permite analizar el tono y el sentimiento detrás del texto, como positivo, negativo o neutral. Esto es útil en la monitorización de la opinión pública, la gestión de la reputación en línea y la personalización de la experiencia del cliente.

3. Extracción de Información: Permite extraer información clave de grandes volúmenes de texto, como nombres, fechas, lugares y eventos. Esto es útil en la indexación y búsqueda de información, la creación de bases de datos estructuradas y el análisis de tendencias.

4. Generación de Resúmenes: Permite resumir grandes cantidades de texto en un formato más conciso y legible. Esto es útil en la extracción de información relevante de documentos largos, la preparación de informes ejecutivos y la presentación de información en formatos fácilmente digeribles.

5. Asistentes Virtuales y Chatbots: Permite crear sistemas interactivos que pueden comprender y responder a las consultas de los usuarios en lenguaje natural. Esto es útil en servicios de atención al cliente, asistencia técnica, educación en línea y mucho más.

El Papel de los Chatbots en la IA

Los chatbots son programas informáticos diseñados para simular conversaciones humanas, ya sea a través de texto o voz. Utilizan técnicas de PLN para comprender las consultas de los usuarios y generar respuestas relevantes y coherentes. Los chatbots se han convertido en una herramienta poderosa en una variedad de industrias, desde el servicio al cliente hasta el marketing y la educación.

Existen dos tipos principales de chatbots: basados en reglas y basados en aprendizaje automático. Los chatbots basados en reglas utilizan conjuntos predefinidos de reglas y patrones para generar respuestas, mientras que los chatbots basados en aprendizaje automático utilizan algoritmos de PLN y modelos de lenguaje para comprender el contexto de la conversación y generar respuestas más sofisticadas.

Diseño y Desarrollo de Chatbots utilizando Tecnologías como GPT (Transformador Generativo Preentrenado)

El diseño y desarrollo de chatbots requiere una comprensión profunda de los principios del PLN y el aprendizaje automático. Una de las tecnologías más avanzadas utilizadas en la creación de chatbots es el Transformador Generativo Preentrenado (GPT), desarrollado por OpenAI. GPT es un modelo de lenguaje de gran escala que ha demostrado una sorprendente capacidad para comprender y generar lenguaje humano de manera coherente y contextual.

Los chatbots basados en GPT pueden ser entrenados en grandes conjuntos de datos de conversación para mejorar su capacidad de comprensión y generación de respuestas. Estos chatbots pueden utilizarse en una variedad de aplicaciones, como servicios de atención al cliente, asistentes virtuales personales y tutoriales interactivos.

Desafíos y Futuro del Procesamiento del Lenguaje Natural y los Chatbots

A pesar de los avances significativos en el campo del PLN y los chatbots, todavía existen varios desafíos por superar. Algunos de estos desafíos incluyen la comprensión del contexto, el manejo de la ambigüedad y el sesgo lingüístico, y la creación de sistemas que puedan adaptarse y aprender de manera continua.

El futuro del PLN y los chatbots es emocionante y prometedor. Se espera que estos sistemas se vuelvan aún más inteligentes y sofisticados, capaces de comprender y responder a una amplia variedad de consultas y situaciones. Además, se espera que jueguen un papel cada vez más importante en la interacción humano-computadora, transformando la forma en que nos comunicamos, trabajamos y vivimos.

Capítulo 4: Visión por Computadora y Reconocimiento de Patrones

La visión por computadora es una rama emocionante de la inteligencia artificial que se centra en capacitar a las computadoras para comprender y analizar imágenes y videos de la misma manera que lo hacen los seres humanos. A través del reconocimiento de patrones y el procesamiento de imágenes, la visión por computadora ha revolucionado una amplia gama de industrias, desde la medicina hasta la agricultura y la seguridad. En este capítulo, exploraremos en detalle los conceptos fundamentales de la visión por computadora y cómo se aplica el reconocimiento de patrones en diversos contextos.

Conceptos Básicos de Visión por Computadora

La visión por computadora se basa en una serie de conceptos fundamentales que permiten a las computadoras entender y analizar imágenes de manera inteligente. Algunos de estos conceptos incluyen:

1. Captura de Imágenes: El primer paso en el proceso de visión por computadora es la captura de imágenes. Esto puede implicar el uso de cámaras digitales, cámaras de video o incluso escáneres para convertir objetos del mundo real en datos digitales que puedan ser procesados por una computadora.

2. Preprocesamiento de Imágenes: Una vez que se capturan las imágenes, es común realizar ciertas operaciones de preprocesamiento para mejorar la calidad de las imágenes y resaltar características importantes. Esto puede incluir operaciones como el ajuste del contraste, la eliminación del ruido y la normalización de la iluminación.

3. Extracción de Características: Después del preprocesamiento, se extraen características relevantes de las imágenes que pueden ser utilizadas para la clasificación, el reconocimiento o cualquier otra tarea específica. Esto puede implicar la detección de bordes, la identificación de puntos clave o la extracción de características de textura.

4. Clasificación y Reconocimiento: Una vez que se extraen las características de las imágenes, se pueden utilizar algoritmos de aprendizaje automático para clasificar o reconocer objetos, patrones o eventos en las imágenes. Esto puede incluir técnicas como el reconocimiento facial, la detección de objetos y la clasificación de imágenes.

Aplicaciones en la Vida Cotidiana y en la Industria

La visión por computadora tiene una amplia gama de aplicaciones en la vida cotidiana y en la industria. Algunos ejemplos incluyen:

1. Reconocimiento Facial: Se utiliza en sistemas de seguridad, como el desbloqueo facial en teléfonos inteligentes, la identificación de personas en imágenes de vigilancia y la verificación de identidad en sistemas biométricos.

2. Detección de Objetos: Se utiliza en aplicaciones de conducción autónoma, sistemas de asistencia al conductor, sistemas de visión industrial y sistemas de detección de intrusos.

3. Reconocimiento de Escenas: Se utiliza en aplicaciones de realidad aumentada, sistemas de navegación para vehículos no tripulados y sistemas de reconocimiento de lugares.

4. Análisis de Imágenes Médicas: Se utiliza en aplicaciones de diagnóstico médico, como la detección temprana de enfermedades, la planificación de tratamientos y la investigación clínica.

Técnicas de Reconocimiento de Patrones

El reconocimiento de patrones es una parte fundamental de la visión por computadora y se refiere al proceso de identificar patrones o regularidades en conjuntos de datos. Algunas técnicas comunes de reconocimiento de patrones incluyen:

1. Aprendizaje Supervisado: En este enfoque, se entrena a un modelo utilizando un conjunto de datos etiquetados que incluyen ejemplos de entrada y sus correspondientes etiquetas de salida. El modelo aprende a asociar entradas con salidas a partir de ejemplos conocidos y puede predecir las etiquetas de nuevas entradas.

2. Aprendizaje No Supervisado: En este enfoque, el modelo se entrena en un conjunto de datos no etiquetados y busca encontrar patrones o estructuras ocultas en los datos. Esto puede incluir técnicas como el clustering, la reducción de dimensionalidad y la generación de reglas de asociación.

3. Aprendizaje por Refuerzo: En este enfoque, el modelo aprende a través de la interacción con un entorno, recibiendo retroalimentación en forma de recompensas o castigos según las acciones que toma. Esto se utiliza comúnmente en aplicaciones de robótica, juegos y control de procesos.

Desarrollo de Sistemas de Reconocimiento de Objetos y Personas

El desarrollo de sistemas de reconocimiento de objetos y personas es una aplicación importante de la visión por computadora y el reconocimiento de patrones. Estos sistemas utilizan técnicas de aprendizaje automático para identificar y clasificar objetos y personas en imágenes y videos. Esto puede ser útil en una variedad de aplicaciones, como la seguridad, la vigilancia, la navegación autónoma y la automatización industrial.

Desafíos y Futuro de la Visión por Computadora y el Reconocimiento de Patrones

A pesar de los avances significativos en la visión por computadora y el reconocimiento de patrones, todavía existen varios desafíos por superar. Algunos de estos desafíos incluyen la detección y clasificación precisa de objetos en entornos complejos, el desarrollo de modelos robustos que sean invariantes a las variaciones de iluminación y perspectiva, y la interpretación y comprensión semántica de imágenes y videos. Sin embargo, con el continuo avance de la tecnología y el aumento de la disponibilidad de datos, se espera que la visión por computadora y el reconocimiento de patrones sigan desempeñando un papel cada vez más importante en una variedad de aplicaciones en el futuro.

Capítulo 5: Aplicaciones Prácticas de la Inteligencia Artificial

La inteligencia artificial (IA) ha emergido como una fuerza transformadora en la sociedad contemporánea, permeando una variedad de campos y sectores con su capacidad para automatizar tareas, analizar datos a gran escala y ofrecer soluciones innovadoras a problemas complejos. En este capítulo, exploraremos detalladamente las diversas aplicaciones prácticas de la inteligencia artificial en campos como la medicina, la industria, el comercio electrónico, la educación, la investigación científica y más. Veremos cómo la IA está revolucionando estos campos y mejorando la vida de las personas en todo el mundo.

IA en la Medicina: Diagnóstico Asistido por Ordenador, Análisis de Imágenes Médicas y Más

La aplicación de la IA en la medicina ha transformado radicalmente la forma en que se diagnostican y tratan las enfermedades. Los sistemas de diagnóstico asistido por ordenador utilizan algoritmos de aprendizaje automático para analizar síntomas, signos vitales y resultados de pruebas médicas, ayudando a los profesionales de la salud a tomar decisiones más informadas y precisas. Además, la IA se ha vuelto invaluable en el análisis de imágenes médicas, como radiografías, resonancias magnéticas y tomografías computarizadas, permitiendo la detección temprana de enfermedades y la planificación de tratamientos más efectivos.

La IA también se está utilizando en el descubrimiento de nuevos fármacos y en la investigación de enfermedades genéticas. Los algoritmos de aprendizaje automático pueden analizar grandes bases de datos de información molecular para identificar patrones y relaciones que podrían conducir al desarrollo de tratamientos más efectivos para enfermedades como el cáncer, la diabetes y las enfermedades neurodegenerativas.

Además, la IA está revolucionando la atención médica personalizada al permitir la creación de modelos predictivos basados en datos genéticos y biomédicos que pueden predecir el riesgo de enfermedades y ayudar a desarrollar planes de tratamiento personalizados para cada paciente. Estos avances están llevando la medicina hacia una era de precisión y prevención, donde el enfoque se desplaza de tratar las enfermedades a prevenirlas antes de que se desarrollen.

IA en la Industria: Automatización de Procesos, Control de Calidad y Mantenimiento Predictivo

En el ámbito industrial, la IA ha revolucionado los procesos de fabricación y producción. Los sistemas de automatización de procesos utilizan algoritmos de IA para optimizar la eficiencia y la productividad, reduciendo los costos y los tiempos de producción. Además, la IA se utiliza en el control de calidad, donde los sistemas de visión por computadora inspeccionan productos en tiempo real para detectar defectos o anomalías. Asimismo, el mantenimiento predictivo, que utiliza modelos de aprendizaje automático para predecir fallas en equipos y maquinaria, ha permitido a las empresas evitar tiempos de inactividad costosos y mejorar la eficiencia operativa.

La IA también está transformando la cadena de suministro y la logística, optimizando rutas de transporte, gestionando inventarios y previendo la demanda futura con mayor precisión. Los algoritmos de IA pueden analizar grandes volúmenes de datos históricos y en tiempo real para identificar patrones y tendencias que ayuden a las empresas a tomar decisiones más informadas y eficientes en cuanto a la gestión de sus operaciones.

Además, en el ámbito de la energía, la IA se está utilizando para optimizar la producción de energía renovable, mejorar la eficiencia energética y predecir la demanda de energía. Los sistemas de gestión de energía basados en IA pueden analizar datos de sensores y medidores inteligentes para ajustar automáticamente el suministro de energía y maximizar la utilización de fuentes renovables como la energía solar y eólica.

IA en el Comercio Electrónico: Recomendaciones de Productos, Personalización de la Experiencia del Usuario y Más

En el comercio electrónico, la IA ha mejorado significativamente la experiencia de compra en línea. Los sistemas de recomendación de productos utilizan algoritmos de IA para analizar el comportamiento del usuario y ofrecer recomendaciones personalizadas, aumentando las ventas y la satisfacción del cliente. Además, la personalización de la experiencia del usuario, donde se utilizan modelos de aprendizaje automático para adaptar dinámicamente el contenido y el diseño de los sitios web a las preferencias individuales de los usuarios, ha demostrado aumentar la retención de clientes y mejorar las tasas de conversión.

La IA también se está utilizando en la detección de fraudes y la prevención del fraude en el comercio electrónico. Los algoritmos de IA pueden analizar patrones de comportamiento y transacciones sospechosas para identificar actividades fraudulentas y proteger a los usuarios y a las empresas de pérdidas financieras.

Además, en el ámbito del marketing digital, la IA se está utilizando para optimizar campañas publicitarias, segmentar audiencias y personalizar mensajes para maximizar el retorno de la inversión. Los sistemas de IA pueden analizar datos demográficos, comportamientos de navegación y preferencias de compra para crear estrategias de marketing más efectivas y dirigidas.

IA en la Educación: Sistemas de Tutoría Personalizada, Análisis de Datos Educativos y Más

En el ámbito educativo, la IA está transformando la forma en que se enseña y se aprende. Los sistemas de tutoría personalizada utilizan algoritmos de IA para adaptar el contenido y el ritmo de aprendizaje a las necesidades individuales de cada estudiante, maximizando el rendimiento académico y la retención del conocimiento. Además, el análisis de datos educativos, donde se utilizan técnicas de aprendizaje automático para analizar grandes conjuntos de datos de rendimiento estudiantil y comportamiento en el aula, ha permitido a los educadores identificar patrones y tendencias que pueden utilizarse para mejorar la enseñanza y el aprendizaje.

La IA también se está utilizando en la creación de contenido educativo personalizado, donde los algoritmos de generación de lenguaje pueden crear materiales de estudio adaptados a las necesidades individuales de los estudiantes. Estos materiales pueden incluir ejercicios interactivos, videos explicativos y pruebas de evaluación diseñadas específicamente para mejorar la comprensión y retención del contenido.

Además, la IA está desempeñando un papel cada vez más importante en la evaluación y el seguimiento del progreso del estudiante. Los sistemas de análisis de datos educativos pueden utilizar algoritmos de aprendizaje automático para evaluar el rendimiento de los estudiantes, identificar áreas de mejora y proporcionar retroalimentación personalizada. Esto permite a los educadores intervenir de manera proactiva para ayudar a los estudiantes que están luchando y ofrecerles el apoyo adicional que necesitan para tener éxito académico.

Además, la IA está facilitando el acceso a la educación a través de plataformas de aprendizaje en línea y cursos masivos abiertos en línea (MOOCs). Estas plataformas utilizan algoritmos de recomendación y personalización para adaptar el contenido del curso a las necesidades individuales de los estudiantes y maximizar su compromiso y retención. Esto permite a las personas de todo el mundo acceder a una educación de calidad en cualquier momento y lugar, democratizando el aprendizaje y promoviendo la igualdad de oportunidades.

IA en la Investigación Científica: Descubrimiento de Fármacos, Modelado de Proteínas y Más

La IA también está desempeñando un papel cada vez más importante en la investigación científica. En el campo de la biomedicina, los algoritmos de aprendizaje automático se utilizan para el descubrimiento de nuevos fármacos, donde ayudan a identificar compuestos químicos prometedores para el tratamiento de enfermedades. Utilizando grandes bases de datos de moléculas y sus propiedades, los algoritmos pueden predecir qué compuestos tienen el potencial de interactuar con objetivos específicos en el cuerpo humano, acelerando el proceso de desarrollo de medicamentos y reduciendo los costos asociados.

Además, la IA se utiliza en el modelado de proteínas, donde se utilizan modelos de IA para predecir la estructura y la función de proteínas. Esto es fundamental para comprender cómo funcionan las proteínas en el cuerpo y cómo pueden ser modificadas para tratar enfermedades. Los modelos de IA pueden predecir cómo se pliegan las proteínas en estructuras tridimensionales y cómo interactúan con otras moléculas en el cuerpo, lo que ayuda a los científicos a diseñar medicamentos más efectivos y a comprender mejor los mecanismos subyacentes de las enfermedades.

Además, la IA está facilitando la investigación en una variedad de disciplinas científicas, incluida la física, la química, la astronomía y la ecología. Los algoritmos de aprendizaje automático pueden analizar grandes conjuntos de datos científicos para identificar patrones, tendencias y relaciones que pueden haber pasado desapercibidos para los investigadores humanos. Esto ha llevado a importantes avances en campos como la astronomía, donde la IA se utiliza para analizar datos de telescopios y descubrir nuevas estrellas, planetas y galaxias.

Desafíos y Consideraciones Éticas

A pesar de los beneficios significativos que ofrece la IA en una variedad de campos, también plantea una serie de desafíos y consideraciones éticas. Uno de los principales desafíos es el sesgo algorítmico, donde los algoritmos de IA pueden perpetuar y amplificar sesgos inherentes en los datos de entrenamiento, lo que puede llevar a decisiones discriminatorias y perjudiciales. Por ejemplo, los algoritmos de IA utilizados en la contratación y la selección de personal pueden basarse en datos históricos que reflejan sesgos de género, raza o clase, lo que resulta en decisiones injustas y discriminatorias.

Además, la IA plantea preocupaciones sobre la privacidad y la seguridad de los datos, especialmente en campos como la salud y la educación, donde se manejan datos sensibles y personales. Existe el riesgo de que los datos recopilados y procesados por sistemas de IA puedan ser comprometidos, hackeados o utilizados de manera inapropiada, lo que podría tener consecuencias graves para la privacidad y la seguridad de las personas.

Otros desafíos incluyen el impacto potencial en el empleo y la desigualdad económica, ya que la automatización impulsada por la IA podría resultar en la pérdida de empleos en ciertas industrias y sectores, exacerbando las disparidades económicas y sociales. Además, existe la preocupación de que la IA pueda ser utilizada para crear armas autónomas y sistemas de vigilancia masiva, lo que plantea serias preocupaciones éticas y de seguridad.

Es crucial abordar estos desafíos de manera proactiva y desarrollar políticas y regulaciones que garanticen un uso ético y responsable de la IA en la sociedad. Esto incluye la implementación de medidas para mitigar el sesgo algorítmico, proteger la privacidad y la seguridad de los datos, y garantizar que la IA se utilice para promover el bienestar humano y el interés público.

Conclusiones y Reflexiones Finales

En conclusión, la inteligencia artificial está transformando profundamente numerosos aspectos de nuestra vida cotidiana y nuestra sociedad en su conjunto. Desde la medicina hasta la educación, desde la investigación científica hasta la industria, la IA está impulsando la innovación, aumentando la eficiencia y mejorando la calidad de vida de las personas en todo el mundo. Sin embargo, es importante recordar que la IA es una herramienta poderosa que debe ser utilizada con responsabilidad y ética, con el objetivo final de mejorar el bienestar humano y promover un futuro más justo y equitativo para todos.

Capítulo 6: Ética y Desafíos de la Inteligencia Artificial

La inteligencia artificial (IA) ha emergido como una poderosa herramienta con el potencial de transformar radicalmente nuestra sociedad y nuestra vida cotidiana. Sin embargo, junto con los avances y beneficios que ofrece, la IA también plantea una serie de desafíos éticos y consideraciones importantes que deben abordarse de manera proactiva. En este capítulo, exploraremos en profundidad los dilemas éticos asociados con el desarrollo y el uso de la IA, así como los desafíos que enfrentamos a medida que la tecnología continúa evolucionando.

Consideraciones Éticas en el Desarrollo y Uso de la IA
Uno de los principales dilemas éticos en el desarrollo y uso de la IA es el sesgo algorítmico. Los algoritmos de IA se entrenan utilizando conjuntos de datos históricos que pueden reflejar sesgos sociales, culturales o personales inherentes a los datos recopilados. Esto puede resultar en decisiones discriminatorias o injustas, especialmente en áreas como la contratación, el crédito y la justicia penal. Por lo tanto, es fundamental abordar el sesgo algorítmico mediante el diseño de algoritmos más transparentes, equitativos y responsables.

Además, la privacidad y la seguridad de los datos son preocupaciones éticas importantes en el desarrollo y uso de la IA. Con el creciente volumen de datos recopilados y procesados por sistemas de IA, existe el riesgo de que la información personal y sensible de las personas pueda ser comprometida, hackeada o utilizada de manera inapropiada. Por lo tanto, es crucial implementar medidas robustas de protección de datos y garantizar la transparencia y el consentimiento en la recopilación y el uso de datos por parte de los sistemas de IA.

Otro aspecto ético a considerar es el impacto de la IA en el empleo y la desigualdad económica. Si bien la IA tiene el potencial de mejorar la eficiencia y la productividad en muchos sectores, también podría resultar en la automatización de empleos y la pérdida de puestos de trabajo para ciertos trabajadores. Esto podría exacerbar las disparidades económicas y sociales, creando una brecha aún mayor entre aquellos que tienen acceso a la tecnología y aquellos que no. Por lo tanto, es importante desarrollar políticas y programas de capacitación que ayuden a los trabajadores a adaptarse a los cambios en el mercado laboral y a adquirir las habilidades necesarias para trabajar junto con la IA de manera efectiva.

Sesgo Algorítmico y Equidad

El sesgo algorítmico es una preocupación ética importante en el desarrollo y uso de la inteligencia artificial. Se refiere a la tendencia de los algoritmos de IA a perpetuar o amplificar sesgos inherentes en los datos de entrenamiento, lo que puede resultar en decisiones discriminatorias o injustas. Por ejemplo, los algoritmos utilizados en la contratación, la concesión de créditos o la justicia penal pueden basarse en datos históricos que reflejan sesgos de género, raza o clase, lo que lleva a decisiones sesgadas que discriminan a ciertos grupos.

Para abordar este problema, es crucial desarrollar algoritmos más transparentes, equitativos y responsables. Esto incluye la implementación de prácticas de recopilación de datos más éticas, la diversificación de los conjuntos de datos de entrenamiento y la evaluación continua de los algoritmos para identificar y mitigar cualquier sesgo potencial. Además, es importante fomentar la diversidad y la inclusión en el desarrollo de la IA, asegurándose de que los equipos de desarrollo reflejen la diversidad de la sociedad y consideren una variedad de perspectivas y experiencias en el diseño de algoritmos.

Privacidad y Seguridad de los Datos

La privacidad y la seguridad de los datos son consideraciones éticas fundamentales en el desarrollo y uso de la IA. Con el creciente volumen de datos recopilados y procesados por sistemas de IA, existe el riesgo de que la información personal y sensible de las personas pueda ser comprometida, hackeada o utilizada de manera inapropiada. Esto plantea serias preocupaciones sobre la protección de la privacidad y la seguridad de los datos de los individuos, así como sobre el uso ético y responsable de la información recopilada.

Para abordar estos desafíos, es necesario implementar medidas robustas de protección de datos y garantizar la transparencia y el consentimiento en la recopilación y el uso de datos por parte de los sistemas de IA. Esto incluye el cumplimiento de regulaciones y estándares de privacidad de datos, como el Reglamento General de Protección de Datos (GDPR) en la Unión Europea y la Ley de Privacidad del Consumidor de California (CCPA) en los Estados Unidos. Además, es importante educar a los usuarios sobre sus derechos de privacidad y proporcionarles herramientas y controles para gestionar y proteger su información personal en línea.

Impacto en el Empleo y la Desigualdad Económica

El impacto de la IA en el empleo y la desigualdad económica es otro tema ético importante que debe abordarse. Si bien la IA tiene el potencial de mejorar la eficiencia y la productividad en muchos sectores, también podría resultar en la automatización de empleos y la pérdida de puestos de trabajo para ciertos trabajadores. Esto podría exacerbar las disparidades económicas y sociales, creando una brecha aún mayor entre aquellos que tienen acceso a la tecnología y aquellos que no.

Para mitigar este riesgo, es crucial desarrollar políticas y programas de capacitación que ayuden a los trabajadores a adaptarse a los cambios en el mercado laboral y a adquirir las habilidades necesarias para trabajar junto con la IA de manera efectiva. Esto incluye la inversión en educación y formación profesional, así como el desarrollo de políticas laborales que promuevan la inclusión y la igualdad de oportunidades en el lugar de trabajo. Además, es importante fomentar la colaboración entre los sectores público y privado para desarrollar estrategias integrales de empleo y capacitación que aborden los desafíos emergentes asociados con la automatización y la IA.

Consideraciones Éticas en la Investigación Científica y el Desarrollo Tecnológico

En el ámbito de la investigación científica y el desarrollo tecnológico, la IA plantea una serie de desafíos éticos y consideraciones importantes. Esto incluye preocupaciones sobre la transparencia y la responsabilidad en el desarrollo y despliegue de sistemas de IA, así como la seguridad y el impacto potencial en la sociedad. Es fundamental garantizar que la investigación y el desarrollo de la IA se realicen de manera ética y responsable, con el objetivo de promover el bienestar humano y evitar posibles consecuencias negativas.

Uno de los desafíos éticos en la investigación científica es la transparencia y la responsabilidad en el desarrollo de algoritmos de IA. A menudo, los detalles sobre cómo funcionan los algoritmos de IA y cómo se toman las decisiones pueden ser opacos y difíciles de entender para quienes no son expertos en el campo. Esto plantea preocupaciones sobre la rendición de cuentas y la responsabilidad en caso de que ocurran errores o decisiones incorrectas.

Para abordar este problema, es necesario fomentar la transparencia y la apertura en el desarrollo de algoritmos de IA. Esto incluye la publicación de investigaciones y resultados, así como el acceso a datos y algoritmos para su revisión y evaluación por parte de la comunidad científica y el público en general. Además, es importante establecer mecanismos de rendición de cuentas y responsabilidad para garantizar que los desarrolladores de IA sean responsables de las decisiones tomadas por sus sistemas.

Otro aspecto ético importante en la investigación científica es la seguridad y el impacto potencial de la IA en la sociedad. Si bien la IA ofrece numerosos beneficios y oportunidades, también plantea riesgos y desafíos, como el desarrollo de armas autónomas y sistemas de vigilancia masiva. Estos desarrollos pueden tener consecuencias graves para la seguridad y el bienestar de las personas, así como para la estabilidad geopolítica y la paz mundial.

Para abordar estos problemas, es necesario establecer marcos éticos y legales que guíen el desarrollo y el uso de la IA en la investigación científica y el desarrollo tecnológico. Esto incluye la implementación de políticas de seguridad y control de armas que regulen el desarrollo y despliegue de sistemas de IA con capacidades autónomas. Además, es importante promover el diálogo y la cooperación internacional para abordar los desafíos éticos y de seguridad asociados con la IA y garantizar que su desarrollo se realice de manera segura y responsable.

El Futuro de la IA: Posibles Impactos en la Sociedad y el Trabajo

A medida que la IA continúa avanzando y se integra más profundamente en nuestra sociedad, es importante considerar los posibles impactos que esto podría tener en la sociedad y el trabajo. Si bien la IA tiene el potencial de mejorar la eficiencia, la productividad y la calidad de vida de las personas, también plantea desafíos significativos en términos de empleo, igualdad económica y bienestar social.

Uno de los posibles impactos de la IA en el trabajo es la automatización de empleos y la pérdida de puestos de trabajo para ciertos trabajadores. A medida que los sistemas de IA se vuelven más sofisticados y capaces de realizar tareas cognitivas y rutinarias, es posible que muchos trabajos sean automatizados o reemplazados por máquinas. Esto podría resultar en una disrupción significativa en el mercado laboral y llevar a la pérdida de empleos en sectores como la manufactura, la logística y la atención al cliente.

Además, la IA podría ampliar las disparidades económicas y sociales si no se abordan adecuadamente. Si bien la IA tiene el potencial de aumentar la eficiencia y la productividad, también podría concentrar el poder y la riqueza en manos de unos pocos, dejando atrás a aquellos que no tienen acceso a la tecnología o las habilidades necesarias para trabajar con ella. Esto podría exacerbar las desigualdades económicas y sociales, creando una brecha aún mayor entre los ricos y los pobres.

Sin embargo, también existen oportunidades significativas asociadas con la IA en términos de creación de empleo, innovación y crecimiento económico. A medida que la IA se integra más profundamente en nuestra sociedad, surgirán nuevas oportunidades de empleo en campos como la ciencia de datos, la ingeniería de IA y la ética de la IA. Además, la IA podría impulsar la innovación y el emprendimiento al facilitar la creación de nuevas empresas y tecnologías.

Para maximizar los beneficios y mitigar los riesgos asociados con la IA, es crucial adoptar un enfoque ético y centrado en las personas en su desarrollo y despliegue. Esto incluye la implementación de políticas y regulaciones que promuevan la equidad, la transparencia y la responsabilidad en el desarrollo y uso de la IA. Además, es importante fomentar la colaboración entre los sectores público, privado y académico para abordar los desafíos emergentes y garantizar que la IA se utilice para promover el bienestar humano y el interés público en general.

Conclusiones y Reflexiones Finales

En conclusión, la inteligencia artificial plantea una serie de desafíos éticos y consideraciones importantes que deben abordarse de manera proactiva. Desde el sesgo algorítmico hasta la privacidad y la seguridad de los datos, desde el impacto en el empleo hasta los posibles riesgos para la seguridad, es fundamental garantizar que la IA se desarrolle y utilice de manera ética y responsable.

Para lograr esto, es necesario adoptar un enfoque colaborativo y multidisciplinario que involucre a una variedad de partes interesadas, incluidos investigadores, desarrolladores, reguladores y la sociedad en su conjunto. Al hacerlo, podemos aprovechar todo el potencial de la IA para mejorar nuestras vidas y abordar los desafíos más apremiantes de nuestro tiempo, asegurando que la tecnología avance en armonía con nuestros valores y principios éticos más profundos.

Capítulo 7: Construyendo el Futuro con Inteligencia Artificial

La inteligencia artificial (IA) ha emergido como una fuerza transformadora en la sociedad contemporánea, con el potencial de remodelar fundamentalmente la forma en que vivimos, trabajamos e interactuamos. En este capítulo, exploraremos en detalle las oportunidades y desafíos asociados con la construcción del futuro con inteligencia artificial. Desde los avances en la investigación y la innovación hasta las consideraciones éticas y las implicaciones socioeconómicas, examinaremos cómo la IA está dando forma al mundo que nos rodea y cómo podemos aprovechar su potencial para crear un futuro más próspero y equitativo para todos.

Desafíos y Oportunidades para el Desarrollo Futuro de la IA
El desarrollo futuro de la IA presenta una serie de desafíos y oportunidades que deben abordarse de manera proactiva para maximizar sus beneficios y minimizar sus riesgos. Uno de los principales desafíos es garantizar que la IA sea segura, confiable y ética en su diseño y despliegue. Esto incluye la implementación de estándares y regulaciones robustas que guíen el desarrollo y uso de la IA, así como la promoción de prácticas de desarrollo responsables y transparentes.

Además, es crucial abordar el sesgo algorítmico y promover la equidad y la inclusión en el desarrollo de la IA. Esto requiere la diversificación de los conjuntos de datos de entrenamiento y la adopción de enfoques equitativos y éticos en el diseño de algoritmos. También es importante fomentar la colaboración y el intercambio de conocimientos entre los sectores público, privado y académico para promover la innovación y el avance en el campo de la IA.

Otra área importante de enfoque es el impacto de la IA en el empleo y la fuerza laboral. Si bien la IA tiene el potencial de aumentar la eficiencia y la productividad, también plantea desafíos en términos de automatización de empleos y reestructuración del mercado laboral. Por lo tanto, es crucial desarrollar políticas y programas de capacitación que ayuden a los trabajadores a adaptarse a los cambios en el mercado laboral y a adquirir las habilidades necesarias para trabajar junto con la IA de manera efectiva.

Por otro lado, la IA también presenta una serie de oportunidades para impulsar la innovación y el crecimiento económico en una variedad de sectores y campos. Desde la atención médica y la educación hasta la manufactura y la agricultura, la IA tiene el potencial de mejorar la eficiencia y la calidad de los productos y servicios, así como de generar nuevas oportunidades de negocio y empleo.

Investigación y Avances Recientes en el Campo de la IA

La investigación en el campo de la IA está evolucionando rápidamente, impulsada por avances en áreas como el aprendizaje profundo, el procesamiento del lenguaje natural, la visión por computadora y la robótica. Estos avances están permitiendo el desarrollo de sistemas de IA más avanzados y sofisticados que pueden realizar una variedad de tareas cognitivas y físicas con un alto grado de precisión y autonomía.

Uno de los avances más significativos en el campo de la IA es el aprendizaje profundo, una rama del aprendizaje automático que utiliza redes neuronales artificiales con múltiples capas para aprender representaciones jerárquicas de datos. Esto ha permitido avances importantes en áreas como el reconocimiento de voz, la traducción automática y el procesamiento del lenguaje natural, lo que ha llevado a una mejora significativa en la precisión y la eficacia de los sistemas de IA en una variedad de aplicaciones.

Además, los avances en la visión por computadora están permitiendo el desarrollo de sistemas de IA capaces de analizar y comprender imágenes y videos con un alto grado de precisión. Esto tiene aplicaciones en áreas como la medicina, donde los sistemas de IA pueden ayudar en el diagnóstico de enfermedades a partir de imágenes médicas, y la seguridad, donde los sistemas de IA pueden detectar y reconocer objetos y personas en entornos complejos.

Otro avance importante es el desarrollo de sistemas de IA conversacionales, que utilizan técnicas de procesamiento del lenguaje natural y aprendizaje automático para comprender y responder a preguntas y comandos en lenguaje natural. Estos sistemas tienen aplicaciones en áreas como el servicio al cliente, la educación y la asistencia virtual, donde pueden ayudar a mejorar la eficiencia y la calidad de la interacción humana.

Consejos para Aquellos Interesados en Seguir Carreras en IA

Para aquellos interesados en seguir carreras en el campo de la IA, hay una serie de consejos y recomendaciones que pueden ser útiles para tener éxito en este campo en constante evolución. En primer lugar, es importante adquirir una sólida formación en áreas fundamentales como las matemáticas, la estadística, la informática y la ingeniería de software. Estos son los cimientos necesarios para comprender los principios y técnicas subyacentes de la IA y desarrollar habilidades prácticas en el diseño y desarrollo de sistemas de IA.

Además, es útil adquirir experiencia práctica a través de proyectos y prácticas en el campo de la IA. Esto puede incluir trabajar en proyectos de investigación académica, participar en competiciones de aprendizaje automático o realizar pasantías en empresas que desarrollan tecnologías de IA. Esto proporcionará una experiencia práctica invaluable y ayudará a desarrollar habilidades prácticas en el diseño, desarrollo e implementación de sistemas de IA.

Además, es importante mantenerse al día con los últimos avances y tendencias en el campo de la IA, ya sea a través de la lectura de revistas y publicaciones especializadas, la participación en conferencias y eventos, o el seguimiento de blogs y recursos en línea relacionados con la IA. Mantenerse informado sobre los últimos avances y tendencias en el campo puede proporcionar ideas y conocimientos valiosos que pueden ser aplicados en proyectos y actividades profesionales.

Otro aspecto importante para aquellos que desean seguir carreras en IA es desarrollar habilidades de colaboración y trabajo en equipo. La IA es un campo interdisciplinario que requiere la colaboración entre expertos en diferentes áreas, como la informática, las matemáticas, la lingüística y la psicología. La capacidad de trabajar en equipo y colaborar de manera efectiva con colegas de diferentes disciplinas es esencial para abordar problemas complejos y desarrollar soluciones innovadoras en el campo de la IA.

Además, es útil cultivar una mentalidad de aprendizaje continuo y adaptabilidad en un campo en constante evolución como la IA. Esto incluye estar dispuesto a aprender nuevas habilidades y tecnologías, así como a adaptarse a los cambios y desafíos que surjan en el campo. La capacidad de aprender y adaptarse rápidamente es crucial para tener éxito en un campo tan dinámico y en constante cambio como la IA.

Por último, pero no menos importante, es importante mantener un enfoque ético y centrado en las personas en el trabajo en IA. Dado el impacto significativo que la IA puede tener en la sociedad y en la vida de las personas, es fundamental considerar las implicaciones éticas y sociales de las tecnologías de IA y asegurarse de que se utilicen de manera ética y responsable para promover el bienestar humano y el interés público.

Reflexiones Finales sobre el Potencial Transformador de la Inteligencia Artificial en el Mundo Moderno

En conclusión, la inteligencia artificial tiene el potencial de transformar radicalmente numerosos aspectos de nuestra vida cotidiana y nuestra sociedad en su conjunto. Desde la atención médica y la educación hasta la manufactura y la agricultura, la IA está impulsando la innovación, aumentando la eficiencia y mejorando la calidad de vida de las personas en todo el mundo.

Sin embargo, para aprovechar todo el potencial de la IA y abordar sus desafíos y riesgos asociados, es crucial adoptar un enfoque ético y centrado en las personas en su desarrollo y despliegue. Esto incluye la implementación de políticas y regulaciones que promuevan la equidad, la transparencia y la responsabilidad en el desarrollo y uso de la IA, así como el fomento de la colaboración y el diálogo entre todas las partes interesadas en el campo.

Al hacerlo, podemos aprovechar el poder transformador de la inteligencia artificial para crear un futuro más próspero, equitativo y sostenible para todos. Con una visión ética y centrada en las personas, podemos aprovechar todo el potencial de la IA para abordar algunos de los desafíos más apremiantes de nuestro tiempo y construir un mundo mejor para las generaciones futuras.

Epílogo: Reflexiones sobre el Viaje por el Mundo de la Inteligencia Artificial

Al llegar al final de este libro, es importante detenernos por un momento y reflexionar sobre el viaje que hemos emprendido juntos a través del fascinante mundo de la inteligencia artificial (IA). A lo largo de estas páginas, hemos explorado los fundamentos de la IA, desde sus conceptos básicos hasta sus aplicaciones prácticas en diversos campos, y hemos examinado los desafíos éticos y las consideraciones socioeconómicas asociadas con su desarrollo y uso.

Durante nuestro recorrido, hemos descubierto cómo la IA está transformando rápidamente la forma en que vivimos, trabajamos e interactuamos con el mundo que nos rodea. Desde la medicina y la educación hasta la industria y el comercio electrónico, la IA está impulsando la innovación, aumentando la eficiencia y mejorando la calidad de vida de las personas en todo el mundo.

Sin embargo, a medida que celebramos los logros y avances en el campo de la IA, también debemos reconocer los desafíos y preocupaciones que surgen a medida que la tecnología continúa avanzando. Desde el sesgo algorítmico y la privacidad de los datos hasta el impacto en el empleo y la seguridad, la IA plantea una serie de dilemas éticos y sociales que deben abordarse de manera proactiva y reflexiva.

Como individuos y como sociedad, es nuestra responsabilidad asegurar que la IA se desarrolle y utilice de manera ética y responsable, con el objetivo de promover el bienestar humano y el interés público en general. Esto requiere un compromiso continuo con la transparencia, la equidad y la rendición de cuentas en el desarrollo y uso de la IA, así como un diálogo abierto y colaborativo entre todas las partes interesadas en el campo.

Al mismo tiempo, es importante reconocer el potencial transformador de la IA para crear un futuro más próspero, equitativo y sostenible para todos. Con una visión ética y centrada en las personas, podemos aprovechar todo el poder de la IA para abordar algunos de los desafíos más apremiantes de nuestro tiempo y construir un mundo mejor para las generaciones futuras.

En última instancia, el futuro de la IA está en nuestras manos. Depende de nosotros aprovechar este increíble potencial para el bien común y asegurar que la inteligencia artificial siga siendo una fuerza para el progreso y la innovación en los años venideros. Juntos, podemos dar forma a un futuro donde la IA trabaje en armonía con nuestros valores y principios éticos más profundos, y donde todos podamos beneficiarnos de sus avances y logros.

Agradecimientos:

Quiero expresar mi más sincero agradecimiento al desarrollo de la tecnología y, en particular, a la evolución de la inteligencia artificial (IA). Esta obra no habría sido posible sin los avances continuos en el campo de la IA, que han permitido que la humanidad explore nuevos horizontes y alcance logros que alguna vez parecieron imposibles.

El trabajo incansable de los investigadores, científicos y desarrolladores en el campo de la IA ha sentado las bases para un futuro emocionante y lleno de posibilidades. Sus contribuciones han impulsado el progreso y la innovación en una amplia gama de aplicaciones, desde la medicina y la educación hasta la industria y el entretenimiento.

Además, quiero agradecer a los pioneros de la IA, cuya visión y determinación han allanado el camino para el desarrollo de esta tecnología revolucionaria. Su dedicación y pasión por explorar los límites de la inteligencia artificial han inspirado a generaciones futuras a seguir adelante en la búsqueda del conocimiento y la innovación.

También quiero extender mi más profundo agradecimiento a mi familia, sin la cual no habría llegado tan lejos en mi vida y carrera profesional. En especial, quiero agradecer a mis padres por su amor, apoyo y sacrificios incondicionales a lo largo de los años. Su guía y aliento han sido una fuente constante de inspiración y motivación para mí.

Por último, pero no menos importante, quiero expresar mi gratitud a la IA misma, por su capacidad para ampliar nuestra comprensión del mundo que nos rodea y por su potencial para mejorar nuestras vidas de formas inimaginables. Que siga siendo una fuente de inspiración y descubrimiento para las generaciones venideras.

¡Gracias al desarrollo de la tecnología y a la inteligencia artificial por hacer posible este viaje de exploración y descubrimiento!

Copyright © 2024 por Álvaro López

Al acceder y utilizar este libro, los lectores aceptan y comprenden los términos y condiciones de este descargo de responsabilidad. Si no está de acuerdo con estos términos, le recomendamos que no utilice ni acceda al contenido de este libro.

www.ingramcontent.com/pod-product-compliance
Lightning Source LLC
Chambersburg PA
CBHW070903070326
40690CB00009B/1966